JN418173

민낯으로의 초대

민낯으로의 초대

이가원 시집

月刊文學 출판부

| 시인의 말 |

생일을 기억하려 우연히
달력을 넘기다
음력 생일과 양력 생일이
같은 날이라는 것을 알고
기쁘기도 신기하기도 하였습니다

이보다 더 좋은 날이 어디 있으랴,
머뭇거릴 틈 없이
서둘러 첫 시집을 출간하게 되었습니다

제목만큼 『민낯으로의 초대』……
매우 부끄럽지만 한 이랑 두 이랑
내 시의 텃밭을 잘 일구어
다음 초대에는 보름달 닮은 씨알로
만나뵙겠습니다.

2019년
이가원

차례

시인의 말 005

1 노젓는 하늘바다

봄의 정원 012
휴대폰 014
돌 016
옷 017
음악분수 018
허공 019
둘레길 사람들 020
시계를 깨우다 022
보름달을 담고 싶다 023
한계령에서 024
오월 025
오월·2 026
보도블럭 027
봄싹 028
홍어 029
숯가마 꽃가마 030
하늘연달 032
땅거미 034
민낯으로의 초대 035

소녀의 노래 2

설레임 038
구름 039
파도 040
첫눈 042
푸른 미소 043
자화상 044
뇌가 예쁜 045
꽃 046
은방울꽃 047
수양버들 048
꽃비 050
무지개 051
봄비 052
실눈 053
곳어름 054
고향 055
슈룹 056

추억이 그리움을 부른다 3

그리움 058
오솔길 060
재능기부 062
고추장 064
팔천칠백육십 시간 065
정재 066
홍시 067
엄마 068
가야금 070
확독 071
그 해 여름 072
첫걸음 073
바구니 074
나를 물들인 가을길 076
백이십만 원 077

내 삶의 방식 4

내 삶의 방식 080
내 삶의 방식·2 081
내 삶의 방식·3 082
맨발로 걷고 싶다 083
색소폰 084
색소폰·2 086
푸르름에 취하여 087
자유 088
낙엽 089
낙엽·2 090
낙엽·3 091
마음 한자락 092
파란 장미 093
시장 사람들 094
무술년을 보내며 096

해인으로 가는 길 5

해인으로 가는 길 098
봉정암에서 100
육신은 수행의 껍데기 101
천지암 102
염원으로 뜨는 향일암 103
봉정암 가는 길 104
지구 106
늦은 가을 망해사 107
다 버리고 살고 싶은 곳 108
천년의 향기 내소사 109
내일은 해요일 110
붓꽃 향기 112
촛불 같은 몸 113
오대산 선재길 114
연꽃 찬미 115
2014년 11월 3일 116

| 작품해설 |

깨끗한 민낯 그 진정성 · 정성수 119

1
노젓는 하늘바다

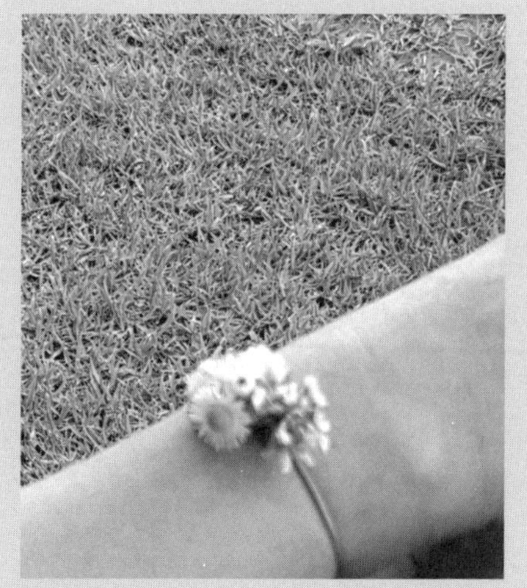

봄의 정원

따스한 햇볕과 꽃이 있는
봄으로의 초대
봄의 정원은 희망이 있고
여유가 있어 참으로 아름답다
그리고 그곳엔 행복이 가득하다

꽃은 바람에 스치어 피고
바람은 구름을 이고 흐르니 우리는
사람과 사람 사이에서 정이 흐른다

봄의 정원에서 튕겨오는 음률
때 묻은 아저씨의 손가락에서
평화와 정서 추억이 흐른다

화려한 꽃무리에 취한 새들도
초록 무대에 앉아 건반을 두드리고
봄의 정원에는 초대받은 사람들이 다정하게 거닌다

봄의 정원에서

진한 향기 마중 나오니
뒤질세라 서둘러 피는 금낭화
징검다리 건너 고사리손
모두가 사랑이다

봄의 정원에서
옹기종기 모여 앉아
맘껏 뛰고 있는 해맑은 모습을
맨가슴에 담았다.

휴대폰

규모 5.8 나의 지진

정신이 혼미해지고
무엇도 보이지 않아
머릿속 온통 너의 생각으로
네 혼령만 왔다 갔다

나보다 네가 더 나의 전부가 되어
단 하루 한 시간도 너 없이는
아무것도 할 수 없는 그런 현실이 슬프다

나도 모르게 세상은 변화되고
나도 모르게 서서히 길들여져온 삶

네모난 너는 나의 모든 생각과 마음을
통째로 빼앗아 간 작은 보물 창고
내 전부를 움직이는 꼭 필요한 존재

나의 생각과 지난 모든 것

추억까지 모조리 사라졌으니
찾으러 나선다

새로운 너를 만났으나
그 안에 너는 없다

빈 가슴 채우려 옛 추억 되살리려
이 밤 발버둥치지만 그 무엇도 없다
돌아와다오 나의 기억 속으로.

돌

고독 끌어안고
상흔 뭉게고 선
우주 속 숨은 영혼.

옷

멋진 포장지
하나 둘 벗겨내면
두 얼굴

나도 그래.

음악분수

평화로운 휴일
온새미로 펼쳐진 정원
푸른 빛 아래
겨르로이* 꿀을 뜨는 사람들

팔월 햇빛 뚫고
솟아오른 은빛 8분음표
검붉게 익어가는 맨발
16분음표 날개를 단다

길섶 돌담에
오밀조밀한 꽃내
늘솔길 다정한 연인
꽃 같은 향기.

* 겨르로이: 한가로이.

허공

운 좋은 날이면 일곱 빛깔
내 앞에 나타난다

빛으로 왔다 빛으로 사라지는 곳

가끔은 해가 뜨면
나는 죽고 싶다

떠나고 싶어.

둘레길 사람들

가우도에 가기 위해 버스에 오른다
낯익은 얼굴 새로운 인연
둘레길에서 만난 사람들은 모두 가족이 된다

사랑으로 버무려진 밥
바지락 비빔밥이 강진에서 기다리고 있다
우리는 밥을 먹은 것이 아니라
사랑을 먹었다
80개의 수저가 양푼 속 향기를 꿀꺽 삼켰다

다산 선생이 유배 생활을 했던
다산초당에 발을 디디니
해가 쨍쨍하던 가슴에서 굵은 소나기가 내린다

영랑 시인 생가, 모란은 지고 없지만
마당 한켠 꽃진자리에 별을 닮은
열매가 맺혀 있었다
그 별을 담아 가우도로 향했다

피톤치드와 바닷바람
율리와 함께 걷는

나는 11살 꼬마가 되었다

둘레길에서 만난 사람은
모두가 아름다웠다.

시계를 깨우다

잠자던 너를 꺼낸다
멈추었던 시간이 다시 움직이기 시작한다

십년 전
시간은 어둠 속에서 멈추었지만
세월은 바람처럼 흘렀다

네가 잠자는 동안
나는 해가 없어도 실을 뽑아내는 누에였다

어느 날 번데기 속
컴컴한 천장을 바라보다
벌떡 일어나 잠자는 너를 깨웠다

여전히 변함없는 너
째깍 째깍 새로운 시간 속을 흐른다.

보름달을 담고 싶다

구겨진 작은 깡통 하나
길바닥에 누워 있다

어떤 이는 이유 없이 툭 차고 간다
어떤 이는 우지직 밟고 간다

날이 갈수록 더 구겨지는 빈 깡통
비바람에 이리 뒹굴 저리 뒹굴
천덕꾸러기가 되어 간다

한때는 밝은 햇살 받으며
화려한 불빛 아래 멋진 주인공이었지

어느 날 불어닥친 태풍에
가눌 수 없는 몸, 등 떠밀려
거리를 떠도는 방랑자가 되었다

내일밤에는 하얀 보름달을 담고 싶다.

한계령에서

아랫마을은 가을
서 있는 곳 겨울이네

한 발 두 발 오를 때마다
초근초근한* 느낌
사르르 가쁜 숨 더 곳부다*

한계령에 서서
가위 입술로 표현할 수 있으랴
굽이굽이 돌아 쌓이는 눈
내 앞에 펼쳐진 한 편의 영화

술회하며 뷔이니*
저 멀리서 메아리쳐 온다
함박눈이.

* 초근초근하다: 매우 축축하다.
* 곳부다: 숨이 몹시 차다.
* 뷔이다: 펼치다의 옛말.

오월

풀잎들과 산책길에 오른다

벙글어진 하얀 꽃
꿈 같은 사색
진한 향 따라
꽃버선코를 세운다

초록잎 젖히며 손 내미는
낯익은 까치와 뻐꾸기
햇살 바람 내음이 춤추는
오월의 꽃배놀이* 담박하다.

* 꽃배놀이: 꽃배를 타고 즐기는 놀이.

오월 · 2

이른 아침
노젓는 하늘바다.*

* 하늘바다: 넓은 하늘.

보도블럭

나는 해마다
옷을 왜 갈아입지

내 마음 쓸데없이
뜯기고 파헤쳐져
속살 훤히 드러난 생채기

귀가 있어도 귀머거리처럼
입이 있어도 벙어리처럼
냉가슴 쥐어 잡고

뿌리내리고 산
이곳을 떠나야 한다

나는 해마다 이맘때면
왜 그래야만 하는지

함박눈이라도
수북이 내렸으면.

봄싹

종달새처럼 날아든 봄
꽃샘바람 시샘에도
살 터진 휘추리의 햇잎
날로 틔어오른다

겨우내 움츠러든 땅
함초롬히 비 젖을 때
눈 맑은 추임새
살포시 고개 드는 꽃망울

돋을 양지 첫걸음
힘찬 기지개 켜며
해맑은 가슴
푸른 날개 펼친다.

홍어

옹기 항아리
얼기설기 얽힌 지푸라기 속
서서히 삭아간다

바짝 엎드려 있어도
죽은 것이 아니고
어둠 속에서 날마다 조금씩 조금씩
맛들어 가고 있는 것이다

긴 시간 지나
푹 삭혀진 뼈와 힘줄
씹을수록 콧속을 톡 쏘며

머리까지 파고드는
선홍빛 도톰한 살

마디마디 삭아서
더 진한 삶의 향기여.

숯가마 꽃가마

첫 화전의 고깔불
온몸 불태워 활활 솟아오른 꽃
도깨비 같은 춤사위
밤새워 눈부시도록 군무를 했던
반딧불 별똥별

희고 검은 생채기
탱탱한 흑태가 되어
새벽녘 하나둘 눈뜰쯤
보쌈 군에게 초련이 감금되듯
연지곤지 단장하고 시집을 간다

한때는 세속이 쥐약 같아
삼켜버리고 싶은
더러는 염량세태(炎凉世態)*
아편 같아
뱉어버리고 싶은
풍진의 모든 애환을 기억하면서

농염한 꽃을 피우다
남은 혼 불사르며 머무르다

못내 옛날이 그리워
연신 삐꾸기마냥
첫 화전을 딸꾹질하며
한 줌 바람으로 침묵한다

하얗게 하얗게.

* 염량세태: 세상 인심.

하늘연달

먼 데서 바람 불어와
가을 햇살에 곱디고운 물들어
구름 타고 올리흐르는데*

시월 한낮 때아닌 몬순*에
곰비임비* 움츠러든 가슴
피적피적하여도* 펼 수가 없다

시월은 가지 않았는데
뭉그러져 여애(餘哀) 떨구는 가을
애잔한 이별가를 부르고

가절했던 세단풍
시월의 마지막 날을 아로새기며
치딩굴내리둥굴

가을도
그대도

이대로 아주 가는 것일까.

* 올리흐르다: 아래쪽에서 위쪽으로 흐르다.
* 몬순: 계절풍.
* 곰비임비: 자꾸자꾸.
* 피적피적하다: 잇달아 펼치며 부스럭거리다.

땅거미

된바람 불어오는 가도
흘부들한* 어깨 위에
어둠이 스멀스멀 깔릴 때

화려하게 태우던 꽃단풍
질곡의 생 아우성치며
하나둘 먼 길 떠나는 기척에
뒷모습이 허전한 사람들

회색빛 쓸쓸함을 뒤로한 채
허기진 배 움켜쥐고
무거운 발걸음 재촉한다.

* 흘부들하다: 축 처지다.

민낯으로의 초대

헛간에 볏짚 쌓아놓고
밤마다 손바닥에 침 묻혀가며 꼬은 새끼줄
매끄럽지 못해 해를 묵혔다

나를 닮은 뽀오얀 알몸들
두꺼운 가마니 속에 누르고 쟁여

날마다 까칠한 면
깎고 비다듬다

가을 하늘이 열린 엿샛날
새끼줄 꺼내 짚신을 엮는다

미끈하진 않지만 사랑스런 내 분신들
시골 오일장 한 귀퉁이 덕석 위에
바름바름* 내놓는다
두근대는 가슴으로 뜨겁게 사랑해줄
누군가를 기다리며.

* 바름바름: 조심스레.

2

소녀의 노래

설레임*

꽁꽁 싸맨 가슴
보이지 않는 사랑
찬 가슴 오르락 내리락
뜨거운 손 빗거스르다*

그대 가슴 녹아
목 타고 흐르는 달콤한 맛
지긋이 눈 감으면
온몸 황홀난측하다*

여름에만 너를 찾는 나
내년 여름에 또 만나자.

* 설레임: 빙과 이름.

* 빗거스르다: 거슬러 빗거나 매만지다.

* 황홀난측(恍惚難測)하다: 매우 황홀하여 헤아리기 어렵다.

구름

길을 걷다
우연히 바라본 하늘은
구름 꽃밭이다

새하얀 깃털
가볍고 보드라워

눈맞춤
입맞춤에
사르르 첫 문장을 연다

책상다리 묶어 놓고
도망친 꽃말을 찾아 읽는다.

* 2019년 서울 지하철 안전문 창작시 공모 당선작.

파도

니연니연*
달려오는 청군

한 입 삼켰다
두 입 세 입 뱉어내는
시퍼런 변덕쟁이

물이랑 웅실거리며
튀어오르는 백군

쫓으면 도망가고
잡히면 빠져나가는
하얀 웃음꽃

옛날을 꿈꾸듯
모였다 흩어지고
흩어졌다 모이는

보망개* 사랑.

* 니연니연: 어떤 일이 잇달아 꼬리를 물고 일어나는 모양.

* 보망개: 가늘고 고운 모래.

첫눈

싸락싸락 들려오는 소리
날이 밝아오는 소리일까요

창문 여는 순간 잠에서 덜 깬
살들이 눈꺼풀이 요가를 해요

어머나
누가 이렇게 예쁜 그림을
그려 놓았을까요

고개 들어보니 하얀 꽃
소복소복 내려오고 있어요

날이 밝으면
얼마나 더 예쁠까요.

푸른 미소

아지랑이 걸어오는
삼월의 햇살

매섭게 부는 바람
입동인지 입춘인지
삭풍에 떨고 서 있어도

우듬지와 초리엔
연둣빛 솜털이 꼬물꼬물

봄의 뜨락 까르르 깔깔
아가 웃음소리 들려온다.

자화상
—명자꽃

숨은 듯
드러내는 향기

홍매화보다
은은한 꽃
영원한 소녀
작은 가시담장 치고
흔들리지 않는 맹아력

어느덧 작은 꽃
가을맞이할 채비를 한다.

뇌가 예쁜

어릴 땐 숫기도 없던 아이
그래도 노래 좋아하고
그림도 곧잘 그리던

길가다 음악소리 들리면
귀 쫑긋 서성거리기도
사물놀이 고전무용
열두 줄 두당땅 퉁기던 손가락

엄마가 되어서도 더더부리
피아노 건반 두드리고
꿈들이 늘 살아 꿈틀거리던

뇌가 예쁜 아이,
정은피아노학원 원장님께서
애칭으로 불러주던 내 이름.

꽃

꺾지 마라. 슬프다

살이 아픈 몸부림
누가 알거나

영혼마저 부서지는 서러움
어이할거나

슬프다. 꺾지 마라.

은방울꽃

순백의 작은 종
내 눈엔 너만 보여
돌아설 수가 없다

보일 듯 말 듯 감춰진 향
멀리 있어도
내 작은 귀에는 맑은 소리

너만 들려.

수양버들

솟아오른 햇살에
젖꼭지를 문 아기들 그네를 탄다

작은 몽오리 눈을 뜨는 빗면
곱게 땋아내린 여인의 삽상한 댕기
연둣빛 상큼한 물에 멱을 감는다

잎새달*에 흘러내린 참빛
신선한 내음이 곱단시 스며든다
동그라미 그리듯 연초록 물감이 한없이 퍼진다

싱그러움 가득 머금고
날로 날로 살이 찌는 휘추리가
낭창낭창하다

너와 함께 푸른달*이 짙어지고
하늘하늘 흐드러지면

나도 스란치마*를 입고

그네를 타리라.

* 잎새달: 4월.
* 푸른달: 5월.
* 스란치마: 발목까지 내려오는 긴 치마.

꽃비

도둑같이 온 봄 햇살에
톡, 터져버린 가슴
촉촉하게 스며드는 감수

해맑은 미소 뭇가슴 흔들더니
어이 서둘러 떠나시나요

숯등걸이 되어도 슬퍼말아요

젖은 꽃잎도 떨어진 내음도
옹알옹알 새순과 함께 웃고 있으니.

무지개

길 가다 우연히 바라본 하늘
예쁘면 풍덩 빠지고 싶지

비 개인 산등성이에
예쁜 그대 나타나면

야~ 무지개다! 소리치며
깡충 뛰었지

오늘도 그대 보면
그때 그 마음처럼 그럴까.

봄비

살짝이 살짝이 오세요

서두르지 말고
달려오지 말고
돌아보지도 말고

사뿐사뿐히 오세요

그대 오시는 길에
예쁜 꽃잎 다칠까봐

그대 오시는 길에
그 꽃잎 아플까봐

그대 오시는 길에
여린 꽃잎 떨어질까봐.

실눈

살아 있어도
숨소리조차 낼 수 없었지요

주춤주춤 기한 물러서니
실바람에 실려 온 봄

쌩끗빵끗한 내음
풀싹의 숨소리 들리지 않나요.

곳어름

초가지붕 처마 밑
몇 날 며칠 맑고 투명하다

오늘은 바람이 뒷마을로
이사를 갔는지
따스한 햇살이 놀러왔다

여민 옷귀새기 황태 말리듯
토방에 걸터앉아
높은음자리 책을 펼치니

얼음꽃 툭툭 투두둑
초가지붕 위에도 툇마루에도

봄이 오려나봐.

고향

골목마다 정이 익는다
들려오는 정다운 소리

돌담 너머 연숙이네
갈퀴로 긁어모았던 구수한 사투리
굴뚝에서 피어나고

징검다리 건너야만
갈 수 있었던 경옥이 영숙이
구름다리 선자네 집
가물가물 깜박이던 별빛

칠전마을 462번지
지금도 연무가 피어오르는
아련한 꿈결 같은 곳이다.

슈룹*

비가 내리는 날 너는
검정 옷에 흰 고무신 신고
비와 함께 주룩주룩 거리로 나오곤 했지

비가 내리는 날 나는
주황색 장화를 신고
병아리같이 빗속을 뛰어다녔지

호랑이 장가가는 날 너는
징검다리 위에서 오락가락
길잃은 한 마리 산토끼였지

소나기가 마구 퍼붓는 날 나는
보이지 않는 무지개를
들꽃 같은 가슴에 그렸었지

단비가 내리는 날 우리는 함께
빨, 주, 노, 초, 파, 남, 보를 쳐다보며
쪽빛 바다 위에 안개꽃을 피웠지.

* 슈룹: 우산의 옛말.

3

추억이 그리움을 부른다

그리움

지나간 날들은
봄처럼 머무를 수 없기에
꽃의 향기인지
마음의 향내인지
헤아릴 수 없지만 모두
이름 모를 들꽃으로 피었으면
좋겠습니다

지나간 날들이
맑은 하늘에서 쏟아지는
소나기처럼 지나갈지라도
여름날의 함성에는
젊음의 꽃 미소가
너무도 아름답고 뜨거웠기에
그날을 늘 기억하렵니다

지나간 날들은
가을처럼 머무를 수 없기에
바람이 불면 앙상한

나뭇가지로 흔들리고
소리 없이 뚝 떨어지는
나뭇잎처럼 홀연히
흩어지고 싶습니다

지나간 날들이
진눈깨비로 내리는 날에는
가버린 날들을
붙잡을 수 없기에
가슴 속 별도 달도
원 없이 함께
밤새워 울었으면 좋겠습니다.

오솔길

솔향기 솔솔
보드랍게 안겨오는
언덕길을 걸을 때도

솔바람 쌩쌩
가슴 깊이 파고들던
비탈길을 걸을 때에도

나는 느끼지 못했다

그런데
솔향기 솔바람
소나기처럼 지나가고

오르기에만 버거웠던
삶의 뒤안길에서
가던 길 잠시 멈추고

솔방울 툭 툭

떨어지는 오솔길에서
이제서야 무엇을 느끼고 있다

왜 그랬을까
그때는 왜 육리하다*는 것을
느끼지 못했을까.

* 육리하다: 여러가지 빛이 눈이 부시게 아름답다.

재능기부

삼백사십칠 일
정신없이 달려온 열두 달

박수와 갈채 속에서
울고 웃던 사연들의 향기
기쁨은 곱하기로 슬픔은 나눔으로 피는 꽃

엄마 아부지 같은 분이 계시는
그곳에 가면
흔들린 손으로 그린 병아리
초록색 종이비행기를 타고 싶다

그곳에 가면
아이 같은 눈빛들이
소리가 좋아 사람이 좋아
왜 이렇게 늦게 왔어?
얼마나 기다렸는데, 하실 때마다

가슴을 뜨겁게 데우는 소리

지난날을 회상하듯
주르륵 흐르는 방울
오늘도 소리로 다가가 꼭 안아드린다.

고추장

문 앞에 놓여 있는
작은 상자 하나

종갓집 맏며느리
그녀의 시집살이
30년이 깃들어 있는 듯하다

신사임당 같은 맵시
종부의 손맛이 느껴지고
좌르륵 흐르는 윤기
검지손가락 쿡, 혀를 내미니

멀리서 온 맛
꿀처럼 달달하다
목 타고 흐르는 그것은
사랑이었다.

팔천칠백육십 시간

삼백육십오 일 쉬이 빛바래져
돌아볼 틈 없이
등돌려 가는 해와 달

한 달 하루같고 일 년 한 달같아
팔천칠백육십 시간 낙엽이 되어
어둠 속으로 사라져간다

멀어지며 희미해지는 이야기
한 장 두 장 펼쳐보며 지난
시간 시간을 바람에 날리며

내게 오고 있는 또 다른 팔천칠백육십 시간
새롭게 그려야 할 백지를 준비한다.

정재

눈 녹은 양지
누런 솔잎이 타면
가마솥 보리밥이 익고

미끄럼 타며 내려오는 소리
우리집 살강 위에서 아침 해가 뜬다

훍내음에 걸터 앉은 무쇠솥
구수한 누룽지
어머니 혼이 숨 쉬고 있는 곳.

홍시

달콤하고 부드러운 속살
한 입 베어물면 샤르르르
두 입 베어물면 겨울이 눈 감는다.

엄마

올해 구순이 되신 엄마
얘야
이리 좀 오너라

머리맡의 베개를 가리키며
그 베개 좀 열어봐라
왜요…?
하얀 봉투가 하나 있을 게다
거기서 열 개만 꺼내가거라

아이같이 순한 얼굴

싫어요!
고개를 살래살래 저으니
힘 없는 눈동자 입술을 연다

네가 안쓰럽다
그러니 아무 소리 말고 가지고 가거라
그래야 내 맘이 편하니

그랬다… 엄마는 지붕이 없는 내가
항상 목에 걸린 가시처럼 아팠을 것이다

엄마, 내가 그 열 개를 가지고 가면
내 맘은 얼마나 불편하겠어요
엄마는 그제서야 빙그레 웃으시며
그러냐, 하셨다

기저귀를 채워드리며
이제는 내가 엄마이고
엄마는 나의 사랑스러운 딸

아니 딸보다 더 예쁘고
어린애같이 귀여운 엄마.

가야금

물 흐르듯 누르거나
불꽃이 튀듯 튕기거나
광풍이 몰아치듯 뜯겨져

올라가다 떨어지고
떨어지다 올라가는
심금 찢는 네 소리가

내 가슴이었구나.

확독

마당 가장자리
회색빛 절구는 늘 가슴 열고
하늘만 내바다보다*

비가 오는 날엔 빗물이 가득
물방개 미꾸라지가 놀러온다
눈이 오는 날에는 흰 설탕이
별처럼 반짝거리며 소복히 쌓인다
별이 쨍쨍한 날에는
엄마와 함께 긴 시간을 보내기도 한다

늦가을이 찾아오면
노란 감잎이 드러누워
잠을 자기도 한다

가끔은 나도
네 가슴에서 눈을 뜬다.

* 내바다보다: 내다보다.

그 해 여름

꼬마는 냇가에서 툼벙툼벙
대사리와 한나절을 보낸다

물이 불어나 둥둥 떠내려가는
고무신 한짝 바라보며
발 동동 구르며 엉엉 울었다

장대비가 쏟아지던 날
미꾸라지 한 마리 빗줄기 타고
우리집 앞마당에 뚝 떨어졌다.

첫걸음

누워서 한 철
무릎으로 한 철

두 계절이 지나니
무엇이든 잡고 옆으로만 걷는다

십 개월이 되던 딸
갑자기 두 손을 들고 뛰어온다
한 발 두 발

생의 첫발
기쁨의 함성

박수 소리 웃음 소리
담장을 뛰어넘는다.

바구니

덩그러니 놓인 바구니
먼길 달려가 추억 한가득
채웠던 그곳

얼마나 자랐을까
손바닥만 할까
여린 주먹만 할까

미운 가시덤불 도꼬마리씨
바지가랑이 잡고 놓아주지 않아
발보다 먼저 마음이 앞선다

거기 있어야 할 초록잎
쌉싸름한 향기 보이지 않고
바삭거리는 누런잎만
시체처럼 누워 있다

대체 어디로 갔을까
바구니도 굶주린 배

터덜터덜 쓸어내린다

흰 쌀밥 한 수저 푸욱 떠
쌈 싸먹었던 머윗잎 생각 뒤로하고
곰취 대신 바다 향기만
뱃속 꽉꽉 채우고 있다.

나를 물들인 가을길

노을빛 물드는
인적 드문 호젓한 길
가도 보아도 지치지 않는
사색의 눈

한들거리는 꽃잎
한 폭의 그림 같은 에움길
붉은 날갯짓 하냥* 나르샤*

산 가람 들녘
사방 둘러보아도
옹골차게 익어가는 소리

뜨거운 물결 일렁이는 빛
둥시렇게* 떠 가는 한 조각 꽃길
길 잃은 소녀 달빛따라 흐른다.

* 하냥: 한꺼번에, 함께.
* 나르샤: 날아 오르다.
* 둥시렇게: 둥그스럼하다.

백이십만 원

작은 휴대폰에서
흘러나오는 호탕한 소리
어젯밤을 맛깔나게 버무리시며
허벌나게 양념하신다

오메 아부지
아부지 살아계실 때
멋지게 사시요~오

살면 얼마나 살것냐
하고 싶은 거 해봐야제

아따 근디
다음엔 가지 마시요… 잉?

몇 개월 전 엄마가 먼길 떠나신
빈자리가 적적해서
친구들과 음주가무를
즐기셨다, 는 친구의 아버지.

4
내 삶의 방식

내 삶의 방식

지치고 힘이 들면
숲길을 산책하고

외로움이 파도처럼 밀려오면
시를 쓰며 밤을 지새기도 했다

바람이 살랑살랑거릴 때면
동요와 가곡을 부르며

마른 잎 휘날릴 때면
애잔한 노래와 함께 걸었다

그리움이 부를 때면
흰 구름과 이야기하고

눈비가 내릴 때에는
온몸을 적시며 세상을 배웠다.

내 삶의 방식 · 2

물처럼 살리

지금껏 흘러온 날들보다 살아갈 날
점점 줄어들면서
뒤늦게 비로소 깨닫는
내 소박한 꿈
좀 더 올차고 목지게* 살고픈

그 꿈을 오선지에 담아
오늘도 나만의 악보를 그리리

먼 훗날 돌아보게 될
유장한 장조를 생각하며

쉼 없이 내 삶을 연주하리.

* 목지게 : 갑지다의 방언(전라도).

내 삶의 방식·3

길이 보이지 않을 땐
살터* 속으로 찾아간다

잎 사이로 내려오는 햇발
혼탁한 가슴 씻어주는 지기(地氣)
돌코롬한 약내 뿜는 숲

인지끗* 쉬지 않고 달려왔다
한 발 두 발 걸을 때마다
뜨겁게 눈뜨는 기운

무서운 쓰나미 밀려와도
겁렬(怯劣)하지 않으려
오늘도 그대들과 함께 걷는다.

* 살터: 넓고 큰 자연.
* 인지끗: 여태껏의 방언.

맨발로 걷고 싶다

일상에서 벗어나고 싶다

서로 잘났다고 소리치고
유독 가스 내뿜으며
네 바퀴가 구르지 않으면 멈춰버리듯
말 많은 세상

도심 속 빌딩같이 빼곡히 들어찬 욕심
네모난 호두 상자
바보상자에서
확성기를 든 시끄러운 밤낮

가진 것 모두 던져버리고
맨몸으로 떠나고 싶다
언제라도 훌훌 벗어버리고
맨발로 걷고 싶다.

색소폰

들숨이 날숨 되어
혀끝으로 휘감으니
오색 빛깔로 뜨는 풍등(風登)
가냘픈 날개에 싣고
황금조(黃金鳥) 같은 천상의 소리
허공에서 하늘에서
메아리로 가슴 친다

들숨이 날숨 되어
찢어질 듯 파도치며
거칠고 투박한 풍장(風葬)
깊고 푸른 바다에 울고 또 울어
사무치게 흐느끼는 소리
달빛 별빛 되어
영원으로 침잠한다

들숨이 날숨 되어
산천초목 뒤흔들고
춤추는 옥색 치마 수려한 풍금(風琴)

고운 햇살 쓸어안는
청초한 들꽃 미소 아나한 소리
천사의 음성
꽃구름 되어 흐른다.

색소폰 · 2

농무(濃霧)처럼 쌓여가는 고독
어둠 속 보이지 않아
멈출 수 없고 돌아갈 수 없는 길

무거운 너 목에 걸고
홀로 가는 여정
이미 시작된 짧고도 긴 시간
잠시만 한눈 팔아도
자꾸만 뒷걸음질 치는
곧당봐도몰벵이*

나를 달래주는 소리.

* 곧당봐도몰벵이: 제자리걸음.

푸르름에 취하여

초록 물감 코를 간지른다

절인 고등어 채반에 말리듯
나를 펼쳐 말린다

너운너우니* 오는 윤슬
돌틈 사이 송사리떼
남실바람에 일그러진다

푸른 하늘의 양털구름
자유로움에 갇혀버린 나

세파에 찌들어 뒹굴었던 육신
푸르름 속에 빠져든다

무아지경.

* 너운너우니: 너울너울의 옛말.

자유

가을인데
겨울 같은 바람이 분다
가도 가도 보이는 것 없고
높은 담벼락만 보인다

눈도 귀도 숨이 막혀
후다닥

한적한 시골 간이역
고즈넉한 전원의 옛 풍경

파란 하늘을 눈에 넣으니
가을이 두 팔을 펼친다.

낙엽

가벼워진 잎 별 도리 없이
겨울행 열차에 떠밀리듯 오른다
술에 취한 얼굴마다 녹빈홍안

서릿바람에
삐들빼들 말라가는 입술
갈수록 야위어가는 몸

화려했던 미색
빈 가지만 남긴 채
흙으로 돌아가려는
서걱서걱한 것들

늦가을을 헤매고 있다.

낙엽 · 2

들겨울달
빗낱*따라 불거진 막새바람*
콕 콕 찌른다

시린 가슴 휘리바람*에
막다른 골목으로 쓸리고 밀려
빈약해진 행자꾸러미.*

* 빗낱: 빗방울.
* 막새바람: 차가운 바람.
* 휘리바람: 회오리바람.
* 행자꾸러미: 먼길 떠나려 싼 보따리.

낙엽 · 3

죽도록 사랑해도
함께할 수 없는 운명.

마음 한자락

사람의 마음 얼마나 깊고
무게가 나갈까

갈대같이 흔들리는 마음보
바위같이 움직이지 않을 것 같은
재갈*

나의 쏙 꺼내어 무게와
깊이를 저울질해 본다

보이지 않는 마음씨
무언가의 움직이는 마음눈
쏙아지* 숭게머리*

바늘구멍같이 작은 심통
세상을 다 품을 것같이 넓은 익살 주머니
과연 몇 평이나 될까.

* 재갈: 마음(제주방언).
* 쏙아지: 낮잡아 이르는 말.
* 숭게머리: 남이 잘못되는 것을 좋아하는 마음.

파란 장미

천상의 사랑
노작(勞作)은 희망 안고
깃기다*

간절한 꿈 효망(驍望)하면
내게도 그런 사랑이 올까요

애탄가탄* 파란 꽃
나도 파란꽃을 받고 싶다.

* 깃기다: 기쁨을 받다.
* 애탄가탄: 힘에 겨운 일을 이루려고 온갖 힘을 다하는 모양.

시장 사람들

라디오 방송 끝내고 영미와 함께
재래시장으로 발길이 향한다

늘 가는 소사종합시장
입구쪽 단골 할머니는
가끔 잔돈이 부족해도 필요한 걸 그냥 준다

며칠 전엔 보이지 않던 옥수수
제일 먼저 나를 반긴다

나는 할머니 좌판 앞에 쪼그리고 앉아
옥수수 껍질을 벗기기 시작한다
영미도 옆에 앉아 한 겹 한 겹 벗긴다
지나가던 아낙들도 쪼르륵 앉는다

어디선가 하모니카 소리
은은하게 들려온다

나는 주인인 양 자꾸자꾸

옥수수 껍질을 벗긴다
하얀 이 가지런히 드러내고 있는
옥수수가 자꾸자꾸 유혹한다
풍팡풍팡,
하모니카 한 번 불어보라고.

무술년을 보내며

서 있는 곳 춥다
낭떠러지에 홀로 서 있는 듯하다
하지만 나 행복하다

소중했던 한 달 한 달

돌아보니 걸어온 길
짧고도 아찔했던 시간 시간
아득하기만 하다

누군가에게 기쁨을 준다는 것은
결코 쉬운 게 아니다
연약한 체구 휘청거릴 때마다
하얀 농축액 혈관에 보충하며

지그시 눈 감고
내 소리에 귀 기울이며
뚝 떨어지는 한 방울의 감성에
깨달음을 얻었다

후회 없는 삶 아깝지 않은 시간.

5
해인으로 가는 길

해인(海印)으로 가는 길

어둠을 헤치고 가노라
아침까지는 그곳에 가노라

새소리 어깨에 얹고 가노니
잎새마다 새벽 이슬
청정의 꽃으로 방울방울 맺혔구나

해인으로 가는 길엔
만행과 만덕이 서려있고
화엄으로 꽃피워
풍경소리 정토로 향하지만
갈길은 멀고도 험한 길이구나

마음은 언제나 그곳에 있어도
머무를 수 없으니
사바세계 백팔번뇌는
연화의 불빛으로
가는 곳마다 붉디 붉구나

해인으로 가는 길
늘 온화하오니
늘 평온하오니

나 부럽지 않은 속세의
부처이구나.

봉정암에서

몇 시간을 걷고 걸어 도착한 곳

하얀 가루가 군데군데 쌓인
오월의 대청봉 아직 겨울인 듯하다

이른 아침 나선 발걸음
해가 지려고 할 때
합장하고 고개 숙인다

허기진 속 긴 줄 기다린 공양
양푼 속 밥 한 덩이 미역국 한 국자
오이무침 서너 개 동동

그것이 전부이지만

생에 가장 맛있는
미역국을 연하(嚥下)하며 체득했다

육신은 수행의 껍데기

여섯 번째 오르는 길
계곡에서 들려오는 소식에
발걸음 짜릿하다

사방 둘러보아도
색색의 아름다운 비경

숨 차오르듯 날아오르는 안개
이름만큼이나 남성스러운 계곡
엊그제 내린 첫눈
썰매를 타며
백 개의 연못을 내려온다

깔딱고개에 제법 쌓인 한 움큼
40년 전 추억을 삼킨다

사리탑에 오르자
반겨오는 무언의 말씀
백팔배로 다가가니

용마루 별 내 안에서 뜬다.

천지암

사찰 가는 길
상큼한 사과꽃 내음이
좁은 길을 활짝 열어준다

고즈넉이 자리잡은 암자
보약 같은 향내음 두 손 모으며
먼길 날아온 새를 미소로 반긴다

법당에서 들려오는 도일스님의
목탁소리 염불소리 심원(深遠)하여
스스로 비워지고 낮아진다

점점 스며드는 끈끈한 띠앗*
싹이 트고 줄기가 뻗어나간다

손수 농사 지어
차려주신 흰 쌀밥이 달다.

* 띠앗: 형제 자매의 우애.

염원으로 뜨는 향일암

절묘하게 이어지는 기암절벽 통로
어둠이 박무(薄霧)처럼 날아다니다
새벽 범종 소리로 소멸 되어갈 쯤

노랗고 빨건 여명의 빛
바다 끝자락 만지작 만지작거리다
힘들게 눈을 뜨는 동백꽃

모두의 서원 담고
가슴 쿡 저미도록 솟구쳐 오른다

남도 바다 위 등불을 켠 듯
온몸으로 해를 맞는 여래의 암자.

봉정암 가는 길

설악산 통제 기간

몇몇 달린 마른 잎 염원 안은 채
허락받은 보살님 처사님만 산에 오른다

공룡능선 용아장성이 기립한 길은
연무로 찌뿌듯하고

사람의 발은 천년 바위
노송처럼 무겁고 힘들다

산에 오르면 산으로 가득차야 하건만
마음의 발은 떠나온 쪽으로 자꾸 뻗는다

무엇이 그들을 지나온 길에 묶어두는가
무엇이 지나온 길을 그들 안에 묶어두는가

백담사 영시암 수렴동계곡
고행처럼 다다른 무너미 깔딱고개

속세의 번뇌인 양

자비를 베풀 듯 세간(洗肝)을 구하듯
풀벌레 소리 날짐승 소리
깊어가는 산사의 밤

어둠에 쌓인 봉정암
신방(新榜)처럼 밝다.

지구

구도의 별빛 모은
탁발승의 푸른 광채.

늦은 가을 망해사

만경강이 초연히 흘러드는
가파른 언덕 위
망망대해 내려다보며
적막하기 그지없는 곳

천 년의 찬란함은 애초에도 없었지만
낙서전(樂西殿) 청조헌(聽潮軒) 현판 무색하게
밀물 썰물 초라하게 들고 난다

풍경은 초경(初更)인데
바다를 붉게 물들이며 떨어지는 낙조
황홀하도록 아름다운 고군산열도

새만금 기러기 바람으로 묻어오면
고깃배 해안으로 하나 둘 모여들고
너른 김제 들판엔 아득한 불빛 돋아나는데

경내 오천 년 묵은 팽나무
물기 마른 망부석처럼
그 무엇을 세월없이 기다리는가.

다 버리고 살고 싶은 곳

햇빛 바람 공기
꼴 꼴 꼴 물소리
윤기 잘잘한 동백

촌부 닮은 집 한 채
빠삐용 의자와 흰 고무신 한 켤레
후박나무 아래 조그마한 텃밭

무소유가 감로수로 흐르고
우주의 가르침이 소요하는
화엄 세상만 오롯이 존재하는 곳

무거운 신발을 벗고
이대로 주저앉고 싶은 곳

불일암

소박하기만 하다
온유하기만 하다.

천년의 향기 내소사

내소사는 안밖 하나하나
비상하게 잘 어우러진
신묘한 천년 고궁 같다

호랑이가 집을 짓고
파랑새가 단청을 했다는
천년고찰 내소사

모란 연꽃 국화꽃들이
금세 자연으로 환생할 듯
법당 가득 채운
단청들까지 고혹하게
삼라만상으로 피어 있으니

내소사는
가히 극락정토의 화사한 꽃밭이다
천년 향기 그윽한 고색창연한 보석이다.

내일은 해요일

궁금했다
무섭지 않을까, 라는 생각도 들었다

전국의 교도소와 구치소를
발이 닳도록 찾으시는 채영스님과 함께
처음 도착한 곳 인천구치소
100여 명의 남자들이 들어온다
순간 깁스를 한 것처럼 목이 뻣뻣해진다

우렁차게 울려 퍼지는 독경소리에
나도 반야심경을 따라 왼다
스님의 부모은중경 설법을 들으며
내일은 엄마를 찾아뵈야지
속으로 다짐한다

곧이어 자비의 목소리
한 편의 시를 낭송한다
잔잔하게 퍼지는 색소폰 소리
내일을 기다리는 가슴도 흰 고무신도

한 방울 이슬처럼 촉촉해진다
굳어있던 표정이 봄눈 녹듯이
녹고 있다

모두가 평범한 나와 같은 사람들의 모습
마주보는 눈빛에 내 눈가도 촉촉해진다.

붓꽃 향기

그 꽃은 보라색이었다
멀리서도 발을 멈추게 했다

나는 보라색 향 가까이 다가가
앉았다 섰다를 반복하며
손 내밀어 물었다

꽃이 대답했다
나의 이름은 붓꽃이라고

얼마나 시간이 흘렀을까

와우산 자락에 작은 암자
붓꽃 닮은 스님
수려사 주지 채영스님을 만난다

스님의 발자취에서 풍기는 붓꽃 향기
무연자비 보리심의 씨앗
파아란 싹이 고개 든다.

촛불 같은 몸

새벽 여섯시 고속도로
혹여 길이 막힐까
휴게소도 멀리 달리고 달렸다

청주여자교도소
집회가, 참회가를 함께 부르는 소리
낭랑히 울려 퍼진다
천수경을 외는 소리도 우렁차다

원봉스님의 설법에 폭죽을 터뜨리듯
하나둘 피어오르는 깨달음의 꽃
가슴에 밝히는 색색의 연등

한편의 시가 불을 밝히고
작은 촛불에서 타오르는 불꽃

어느 법당보다도 뜨거운 시간
시계 바늘이 거꾸로 가고 있었다.

오대산 선재길

월정사 전나무 숲길
한쪽 끝은 사바세계로 이어지고
또 다른 끝은 정토세계와 맞닿아
두 세계를 잇는 탯줄이다

길이 끝나는 곳은 새로운 출항이기도 하다

월정대가람이 품은 암자마다
수행자들은 어떤 화두를 들고
미로의 기항지를 찾고 있는 것일까

안거가 해제되는 날
처마 밑 낙숫물 댓돌을 뚫을 수 있을지

상원사 적멸보궁에서
백팔배로 묻는다.

연꽃 찬미

너만 있으랴

우주에 피어나는 수많은 꽃 중
아름답지 않은 꽃 또 있으랴

어둡고 탁한 곤죽탕에서
젖지도 물들지도 않으면서
담담하게 뿌리 내리며

가섭존자 깊고도 오묘한
염화의 미소로 나투셨으니

지혜의 등불 밝히시는
꽃이 되소서

자비의 촛불을 옮기시는
향기 되소서.

2014년 11월 3일

설악 봉우리 희끗희끗
골 깊은 산속
도반 없이 혼자 오르는 길 내내
봉정암의 다람쥐 몇
어금지금* 앞서거니 뒤서거니
우세두세* 벗 따로 없구나

간밤에 사라진 울긋불긋한 향내
층층이 쌓인 화엄세상
피안의 세계 밟고 오르는 계단

간절한 염원 하나 한 발 두 발 오를 때마다
은은하게 들려오는 풍경 소리
바람에 흔들려도 꺼지지 않는 촛불

빼곡하게 들어찬
대웅전 법당 텅 비어 있다

딸그락 문고리 소리에

주지 스님 들어오고
뒤이어 한 분의 처사

난로 위 황금주전자
몽그르르 피어오르는 맛
깔딱고개 소금기를 씻어 준다.

* 어금지금: 정도나 수준 행동이 엇비슷하여 큰 차이가 없다.
* 우세두세: 나직한 목소리로 두러두런 이야기하는 모양.

| 해설 |

깨끗한 민낯 그 진정성

| 작품해설 |

깨끗한 민낯 그 진정성

정성수(丁成秀)

(시인·한국문인협회 부이사장)

이가원 시인의 첫시집 『민낯으로의 초대』는 그 제목이 시사하는 바와 같이 제스처가 승한 기교 대신 사물과 삶과 상황을 직관적 감성으로 노래하는 소박한 진정성의 표현들이 그 나름의 호소력을 거느리고 다가온다.

일부 난해하다 못해 불가해한 시들이 마치 새로운 시처럼 독자를 우롱하는 잘못된 기교의 시대에 이가원의 시는 오히려 역설적으로 정직하고 신선하다. 시에도 때로 적절한 기교가 필요하지만 그 기교는 어디까지나 신선한 충격과 감동을 주기 위한 예술적 장치로서의 기교여야 하지 기교를 위한 기교가 되어서는 안 된다.

고독을 노래하거나 추억을 재생하거나 대자연과의 소통, 혹은 불교적 사유, 심지어 현실에 대한 불만을 노래할 때에도 그의 언어는 불필요한 시적 제스처를 보여주지 않는다.

특히 그의 시에서 괄목할 만한 것 중의 하나는 사어의 부활이다. 이미 죽은 말이 된 아름다운 우리말을 사전 속에서 다시 불러내어 시의 표현에 활용하는 것은 대단히 뜻있고 가치 있는 일 중의 하나이다.

다음 시를 살펴보자.

고독 끌어안고
상혼 뭉개고 선
우주 속 숨은 영혼.

―「돌」 전문

돌의 의인화, 혹은 감정이입의 짧은 시이다. 여기서 '돌'은 '우주 속 숨은 영혼'이다. '돌' 속에 '영혼'이 숨어있다. 그 '숨은 영혼'은 다시 말하자면 화자의 '영혼'이다. 파괴된 바위의 일부, 모래가 되기 이전의 '돌'은 그 단단한 육신 속에 무언가 깊은 '영혼'의 속내를 감추고 있다.

그런데 그 영혼은 그저 단순한 영혼의 모습이 아니다. '고독'을 끌어안은 영혼, 즉 이 지상에서 대단히 외로운 영혼이다. 그뿐인가. 살아오면서 겪을 수밖에 없었던 여러 가지 '상흔'을 스스로 치유하고 망각하기 위하여 의도적으로 '뭉개고' 서 있는 고통과 인내의 영혼이다.

누구나 한세상 상처 없는 영혼이 없듯이 당연히 고통 없는 영혼도 없을 것이다. 자신이 처한 고독 속에서 그 누구에게도 표현하기 어려운 특별한 상처와 고통을 처연한 의지의 힘으로 극복하고 있는 쓸쓸한 영혼, 그것이 화자의 '우주 속 숨은 영혼'이 아니겠는가.

다음 시를 살펴보자.

헛간에 볏집 쌓아놓고
밤마다 손바닥에 침 묻혀가며 꼬은 새끼줄
매끄럽지 못해 해를 묵혔다

나를 닮은 뽀오얀 알몸들
두꺼운 가마니 속에 누르고 쟁여

날마다 까칠한 면
깎고 비다듬다

가을 하늘이 열린 엿샛날
새끼줄 꺼내 짚신을 엮는다

미끈하진 않지만
사랑스런 내 분신들
시골 5일장 한 귀퉁이 덕석 위에
바름바름 내놓는다
두근대는 가슴으로 뜨겁게 사랑해 줄
누군가를 기다리며.

—「민낯으로의 초대」 전문

화자의 첫 시집을 세상에 내놓는 상황을 오랫동안 정성껏 '짚신'을 만들어 시골장에 내놓는 것에 비유한 작품, 그 발상이 신선하다. 도시 출신이라면 아마도 이런 특별한 이미지는 쉽게 생각하기 어려웠을 것이다. 전원 속에서 대자연과 함께 성장한 시인은 도시 출신 시인보다 어떤 면에서는 축복받은 사람이다.

제1연, '헛간에 볏집 쌓아놓고/ 밤마다 손바닥에 침 묻혀가며 꼬은 새끼줄/ 매끄럽지 못해 해를 묵혔다'에서 보듯 '짚신'의 재료인 '새끼줄' 엮는 상황표현부터가 리얼하다. 시의 소재를 다듬고 다시 묵혀두는 일.

제2연, '나를 닮은 뽀오얀 알몸들/ 두꺼운 가마니 속에 누르고 쟁여/ 날마다 까칠한 면/ 깎고 비다듬다'에서는 날마다 마음에 들지 않는 시 구절을 수없이 고치는 작업. 제3연~4연에서는 '가을하늘이 열린 엿샛날/ 새끼줄 꺼내 짚신을 엮는다// 미끈하진 않지만/ 사랑스런 내 분신들/ 시골 5일장 한 귀퉁이 덕석 위에/ 바름바름 내놓는다/ 두근대는 가슴으로 뜨겁게 사랑해줄 누군가를 기다리며'. 마침내 오랫동안 추고하고 다시 다듬은 시집을 세상 속에 내놓는다. '두근대는 가슴'으로…….

다음 시를 살펴보자.

아랫마을은 가을
서 있는 곳 겨울이네

한 발 두 발 오를 때마다
초근초근한 느낌
사르르 가쁜 숨 더 곳부다

한계령에 서서
가위 입술로 표현할 수 있으랴
굽이굽이 돌아 쌓이는 눈
내 앞에 펼쳐진 한 편의 영화

술회하며 뷔이니
저 멀리서 메아리쳐 온다
함박눈이.

—「한계령에서」 전문

눈 내리는 날의 한계령을 노래한 작품. 제1연에서 '아랫마을은 가을/ 서 있는 곳 겨울이네'라고 해가 가까운 한계령 골짜기가 오히려 추운 겨울임을 진술하면서 신에 가깝게 사는 일이 속세의 삶보다 더욱 어려움을 갈파한다.

2연에서 '한 발 두 발 오를 때마다/ 초근초근한 느낌/ 사르르 가쁜 숨 더 곳부다'라고 지상에서 하늘에 가깝게 가는 일의 어려움을 노래한다.

3연에서는 '한계령에 서서/ 가위 입술로 표현할 수 있으랴/ 굽이굽이 돌아 쌓이는 눈/ 내 앞에 펼쳐진 한 편의 영화'라고 세상에 떠도는 먼지와 때를 덮어주는 '굽이굽이 돌아 쌓이는 눈'의 정경을 '입술로 표현할 수 없어' 마치 현실이 아닌 '영화'의 한 장면같다고 진술한다.

4연에서 '술회하며 뷔이니/ 저 멀리서 메아리쳐 온다/ 함박눈이'라고 함박눈이 화자의 생각을 펼쳐놓듯이 '저 멀리서 메아리 쳐온다'라고 노래한다. 이 시에서 특기할 것은 이미 사회적으로 사어가 된 말들을 다시 살려내서 시어로 활용하고 있다는 점이다. 주에서 인용한 몇 가지의 말들이 그것이다. 이러한 사어 부활은 시인이 모국어의 수호자라는 뜻에서 고무적인 일이 아닐 수 없다.

다음 시를 살펴보자.

솟아오른 햇살에
젖꼭지를 문 아기들 그네를 탄다

작은 몽오리 눈을 뜨는 빗면
곱게 땋아내린 여인의 삽상한 댕기
연둣빛 상큼한 물에 멱을 감는다

잎새달에 흘러내린 참빛
신선한 내음이 곱단시 스며든다
동그라미 그리듯 연초록 물감이 한없이 퍼진다

싱그러움 가득 머금고
날로날로 살이 찌는 휘추리가
낭창낭창하다

너와 함께 푸른달이 짙어지고
하늘하늘 흐드러지면

나도 스란치마를 입고
그네를 타리라.

—「수양버들」 전문

아름다운 서정시이다. 제1연에서는 봄 햇살 속 바람에 흔들리는 수양버들을, 제2연에서는 수면 위에 흔들리는 버들잎을, 제3연에서는 4월의 잎사귀 연초록 빛깔을, 제4연에서는 낭창낭창 휘어지는 수양버들 나뭇가지를, 제5연에서는 5월의 무성해진 수양버들과 푸른 하늘을, 제6연에서는 화자도 스란치마를 입고 수양버들처럼 그네를 타고 싶다는 미래지향적 희망을 노래한다.

봄날 수양버들 가지의 신선한 잎사귀, 휘파람 소리 같은 가지들의 날렵함, 그네(버들가지)가 주는 역동적 이미지가 깔끔하게 처리되었다.

다음 시를 살펴보자.

들숨이 날숨되어
혀끝으로 휘감으니
오색 빛깔로 뜨는 풍등(風登)
가냘픈 날개에 싣고
황금조(黃金鳥) 같은 천상의 소리
허공에서 하늘에서
메아리로 가슴친다

들숨이 날숨되어
찢어질 듯 파도치며
거칠고 투박한 풍장(風葬)
깊고 푸른 바다에 울고 또 울어
사무치게 흐느끼는 소리
달빛 별빛되어
영원으로 침잠한다

들숨이 날숨되어
산천초목 뒤흔들고
춤추는 옥색 치마 수려한 풍금(風琴)
고운 햇살 쓸어안는
청초한 들꽃미소 아나한 소리
천사의 음성
꽃구름되어 흐른다.

—「색소폰」 전문

화자는 시인이자 가수이며 색소폰 연주자이기도 하다. 색소폰을 부는 자신의 예술적 경험을 시로 표현한다.

제1연, '들숨이 날숨되어/ 혀끝으로 휘감으니/ 오색 빛깔로 뜨는 풍등(風登)/ 가냘픈 날개에 싣고/ 황금조(黃金鳥) 같은 천상의 소리/ 허공에서 하늘에서/ 메아리로 가슴친다'라고 화자의 색소폰 연주를 '풍등' 또는 '황금조'로 비유, '허공에서 하늘에서 메아리로 가슴' 치는 리듬의 파장을 노래한다.

제2연에서 '들숨이 날숨되어/ 찢어질 듯 파도치며/ 거칠고 투박한 풍장(風葬)/ 깊고 푸른 바다에 울고 또 울어/ 사무치게 흐느끼는 소리/ 달빛 별빛되어/ 영원으로 침잠한다'라고 색소폰 소리를 사무친 한의 풍장으로, '깊고 푸른 바다에 울고 또 울어/ 사무치게 흐느끼는 소리'로 비극적 몸부림으로 육화하고, 마침내 '달빛 별빛되어/ 영원으로 침잠한다'라고 색소폰 소리의 우주적 침잠을 노래한다.

제3연에서 '……고운 햇살 쓸어안는/ 청초한 들꽃미소 아나한 소리/ 천사의 음성/ 꽃구름되어 흐른다'라고 색소폰 소리를 '청초한 들꽃 미소', 혹은 '천사의 음성'으로 비유하고 그 소리가 '꽃구름되어 흐른다'라고 동화적 은유로 표현한다.

다음 시를 살펴보자.

월정사 전나무 숲길
한쪽 끝은 사바세계로 이어지고
또 다른 끝은 정토세계와 맞닿아
두 세계를 잇는 탯줄이다

길이 끝나는 곳은 새로운 출항이기도 하다

월정대가람이 품은 암자마다
수행자들은 어떤 화두를 들고
미로의 기항지를 찾고 있는 것일까

안거가 해제되는 날
처마 밑 낙숫물 댓돌을 뚫을 수 있을지

상원사 적멸보궁에서
백팔배로 묻는다.

—「오대산 선재길」 전문

제1연에서 '월정사 전나무 숲길/ 한쪽 끝은 사바세계로 이어지고/ 또 다른 끝은 정토세계와 맞닿아/ 두 세계를 잇는 탯줄이다'라고 '월정사 전나무 숲길'을 속세와 극락세계를 잇는 '탯줄'이라고 노래한다. 숲속의 사찰로 가는 숲길을 '탯줄'로 비유한 것은 적절한 표현.

제2연은 1행으로 처리, '길이 끝나는 곳은 새로운 출항'이라고 속세의 부두를 떠나 극락의 땅으로 가는 것을 '새로운 출항'이라고 표현한다.

제3연에서, '월정대가람이 품은 암자마다/ 수행자들은 어떤 화두를 들고/ 미로의 기항지를 찾고 있는 것일까'라고 '암자'에서 수행하는 스님들의 '화두'가 무엇인지, '미로의 기항지를' 각자 잘 찾고 있는 것인가에 대한 의문을 노래한다.

제4연~5연에서 '안거가 해제되는 날/ 처마 밑 낙숫물 댓돌을 뚫을 수 있을지// 상원사 적멸보궁에서/ 백팔배로 묻는다.'라고 이번에는 '상원사'에서 수도승들이 '안거'가 끝나는 날, 마침내 대각을 이룰 수 있게 되기를 기도한다.

다음 시를 살펴보자.

설악 봉우리 희끗희끗
골 깊은 산속
도반 없이 혼자 오르는 길 내내
봉정암의 다람쥐 몇
어금지금 앞서거니 뒤서거니
우세두세 벗 따로 없구나

간밤에 사라진 울긋불긋한 향내
층층이 쌓인 화엄 세상
피안의 세계 밟고 오르는 계단

간절한 염원 하나 한 발 두 발 오를 때마다
은은하게 들려오는 풍경 소리
바람에 흔들려도 꺼지지 않는 촛불

빼곡하게 들어찬
대웅전 법당 텅 비어있다

딸그락 문고리 소리에
주지 스님 들어오고
뒤이어 한 분의 처사

난로 위 황금주전자
몽그르르 피어오르는 맛
깔딱고개 소금기를 씻어준다.

—「2014년 11월 3일」 전문

화자는 ‘도반’도 없이 홀로 겨울날 설악산의 한 사찰로 가는 숲길을 걸어오른다. 말하자면 사찰을 향해 가파른 숲길을 힘들게 걸어가는 것 자체가 일종의 수도인 셈이다. 도중에 다람쥐도 몇 마리 만나면서 화자는 ‘간밤에 사라진 울긋불긋한 향내/ 층층이 쌓인 화엄 세상/ 피안의 세계 밟고 오르는 계단’이라고 절을 향한 ‘계단’을 ‘피안(극락)의 세계 밟고 오르는 계단’이라고 표현한다.

그 길은 ‘간절한 염원 하나 한 발 두 발 오를 때마다/ 은은하게 들려오는 풍경소리/ 바람에 흔들려도 꺼지지 않는 촛불’이라고 노래하듯 사찰의 ‘풍경소리’와 함께 자신의 간절한 기구와 염원을 ‘꺼지지 않는 촛불’이라고 명명한다.

‘빼곡하게 들어찬/ 대웅전 법당 텅 비어있다’에서 화자는 수많은 불자들이 가득한 ‘대웅전’이 사람 하나도 없는 것처럼 고요하다고 노래한다. 조금 뒤 ‘딸그락 문고리 소리에/ 주지 스님 들어오고/ 뒤이어 한 분의 처사// 난로 위 황금주전자/ 몽그르르 피어오르는 맛/ 깔딱고개 소금기를 씻어준다’

법당 안이 너무 조용해서 ‘주지 스님 들어오’는 문고리 소리가 선명하게 들려온다. 난로 위 물주전자 속에서는 차가 끓는 중…! 사찰 주변의 풍경과 상황을 질박하게 노래함으로써 독자를 갈등구조에서 분리, 기도와 자아성찰의 공간으로 인도한다.

이가원의 시는 이처럼 진정성에 의한 정공법을 선호함으로써 시가 난해하지 않고 푸른 하늘처럼 편안하게 다가온다. 앞으로 변함없이 절차탁마, 그의 시가 더욱 빛나게 되기를 빈다.

이가원 시집_ 민낯으로의 초대

초판 인쇄 | 2019년 10월 25일
초판 발행 | 2019년 10월 30일

지 은 이 | 이가원
발 행 인 | 이광복
편집국장 | 김밝은

펴낸곳 | 사단법인 한국문인협회 THE KOREAN WRITERS' ASSOCIATION 月刊文學 출판부
주소 | 서울시 양천구 목동서로 225 대한민국예술인센터 1017호
전화 | 02-744-8046~7
팩스 | 02-743-5174
이메일 | klwa95@hanmail.net
등록 | 2011년 3월 11일 제2011-000081호
ISBN 978-89-6138-420-9 03810

값 10,000원